RÉGLEMENT

PROVISOIRE

Sur l'Instruction à pied et à cheval

DANS LES RÉGIMENS D'ARTILLERIE.

Du 15 Juillet 1835.

Planches.

PARIS,

Chez F. G. LEVRAULT, Éditeur de l'Annuaire Militaire,

Rue de la Harpe N.° 81;

De la Lithographie de F. G. LEVRAULT, à STRASBOURG.

1836.

50743

TABLE DES PLANCHES.

BASES GÉNÉRALES DE L'INSTRUCTION.

INSTRUCTION A PIED.

ÉCOLE DE L'ESCADRON À PIED.

ÉVOLUTIONS DU RÉGIMENT DE MANŒUVRE.

INSTRUCTION A CHEVAL.

CONDUITE DES VOITURES.

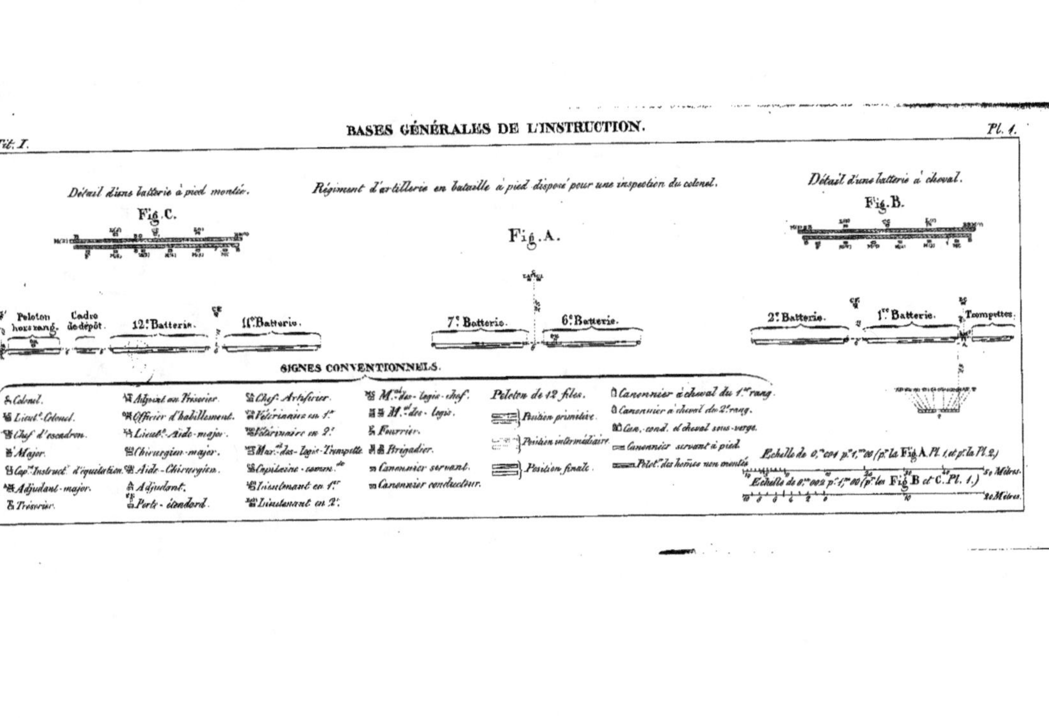
Détail d'une batterie à pied montée.
Fig. C.
Régiment d'artillerie en bataille à pied disposé pour une inspection du colonel.
Fig. A.
Détail d'une batterie à cheval.
Fig. B.
Peloton hors rang.
Cadre de dépôt.
12.e Batterie.
11.e Batterie.
7.e Batterie.
6.e Batterie.
2.e Batterie.
1.re Batterie.
Trompettes.
SIGNES CONVENTIONNELS.
Colonel.
Lieut.t-Colonel.
Chef d'escadron.
Major.
Cap.ne Instruct.r d'équitation.
Adjudant-major.
Trésorier.
Adjoint au Trésorier.
Officier d'habillement.
Lieut.t-Aide-major.
Chirurgien-major.
Aide-Chirurgien.
Adjudant.
Porte-étendard.
Chef-Artificier.
Vétérinaire en 1.er
Vétérinaire en 2.e
Mar.al-des-Logis-Trompette.
Capitaine-commando.
Lieutenant en 1.er
Lieutenant en 2.e
Mar.al-des-Logis-chef.
Mar.al-des-Logis.
Fourrier.
Brigadier.
Canonnier servant.
Canonnier conducteur.
Peloton de 12 files.
Position primitive.
Position intermédiaire.
Position finale.
Canonnier à cheval du 1.er rang.
Canonnier à cheval du 2.e rang.
Can. cond. et cheval sous-verge.
Canonniers servant à pied.
Pelot.n des hommes non montés.
Echelle de 0,m004 p.r 1,m00 (p.r la Fig. A. Pl. 1, et p.r la Pl. 2.)
50 Mètres.
Echelle de 0,m002 p.r 1,m00 (p.r les Fig. B et C. Pl. 1.)
20 Mètres.

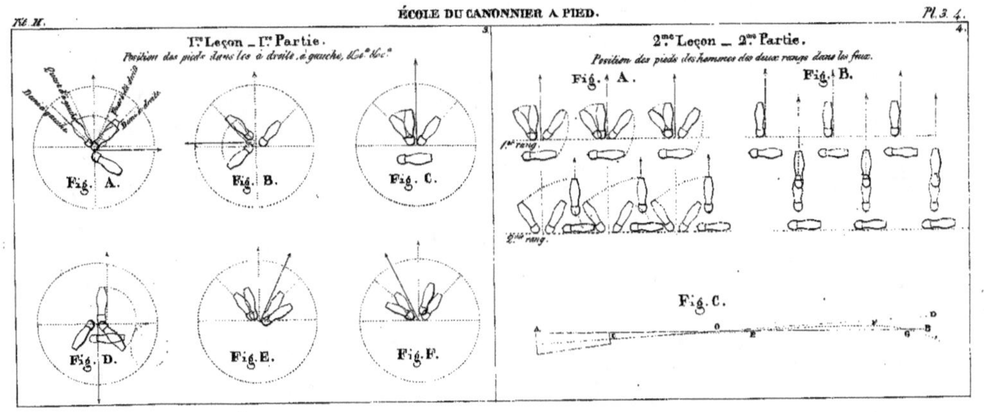

N.º 11.
3
4
I.re Leçon — I.re Partie.
Position des pieds dans les à droite, à gauche, &c.º &c.º
Fig. A.
Fig. B.
Fig. C.
Fig. D.
Fig. E.
Fig. F.
2.me Leçon — 2.me Partie.
Position des pieds des hommes des deux rangs dans les feux.
Fig. A.
Fig. B.
1.er rang.
2.me rang.
Fig. C.

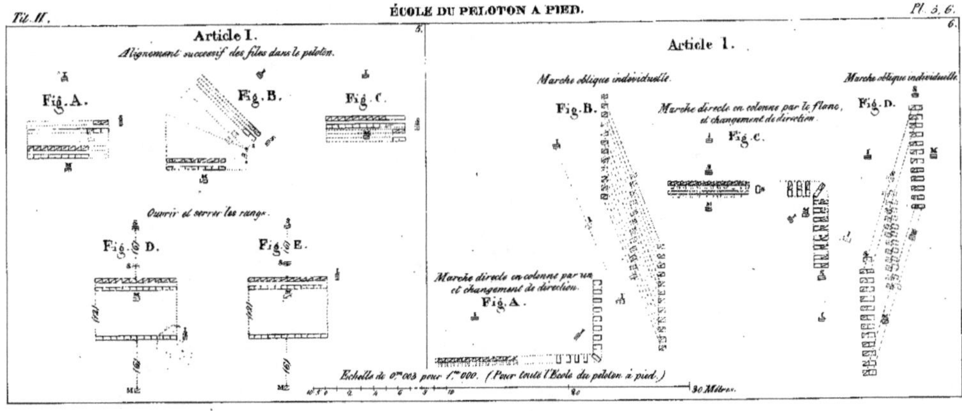
Article I.
Alignement successif des files dans le peloton.
Fig. A.
Fig. B.
Fig. C.
Ouvrir et serrer les rangs.
Fig. D.
Fig. E.
Article I.
Marche oblique individuelle.
Marche oblique individuelle.
Fig. B.
Marche directe en colonne par le flanc,
et changement de direction.
Fig. C.
Fig. D.
Marche directe en colonne par un
et changement de direction.
Fig. A.
Echelle de 0m.003 pour 1m.000. (Pour toute l'École du peloton à pied.)
30 Mètres.

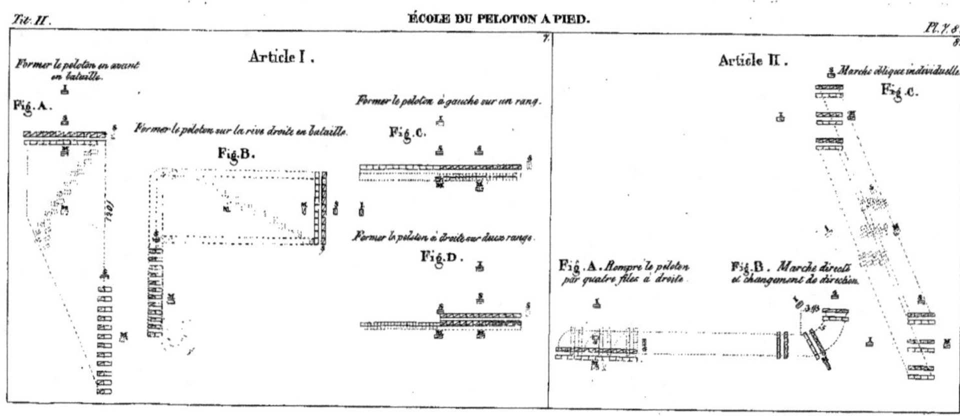
Tit: II.
Pl. 7. 8.
7.
8.
Article I.
Article II.
Former le peloton en avant en bataille.
Fig. A.
Former le peloton sur la rive droite en bataille.
Fig. B.
Former le peloton à gauche sur un rang.
Fig. C.
Former le peloton à droite sur deux rangs.
Fig. D.
Marche oblique individuelle.
Fig. C.
Fig. A. Rompre le peloton par quatre files à droite.
Fig. B. Marche directe et changement de direction.

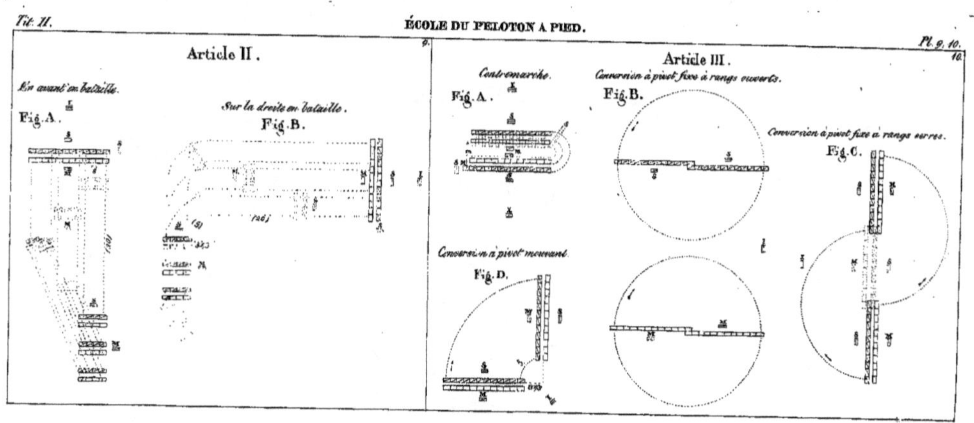
Article II.
En avant en bataille.
Fig. A.
Sur la droite en bataille.
Fig. B.
Article III.
Contre-marche.
Fig. A.
Conversion à pivot fixe à rangs ouverts.
Fig. B.
Conversion à pivot fixe à rangs serrés.
Fig. C.
Conversion à pivot mouvant.
Fig. D.

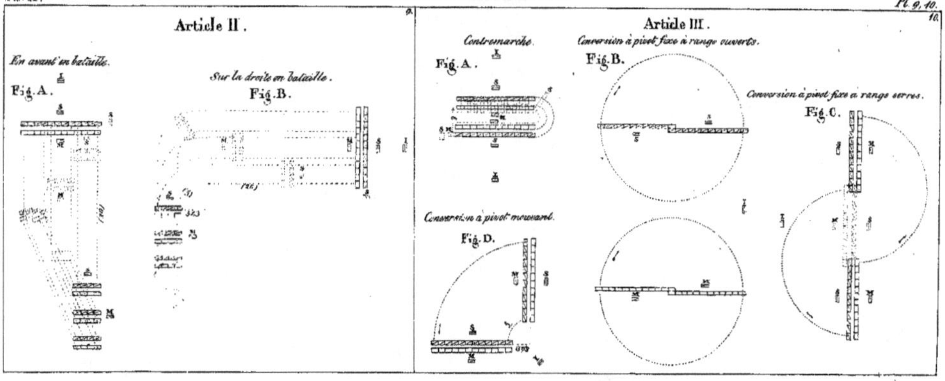

Article II.

En avant en bataille.

Fig. A.

Sur la droite en bataille.

Fig. B.

Article III.

Contremarche.

Fig. A.

Conversion à pivot fixe à rangs ouverts.

Fig. B.

Conversion à pivot fixe à rangs serrés.

Fig. C.

Conversion à pivot mouvant.

Fig. D.

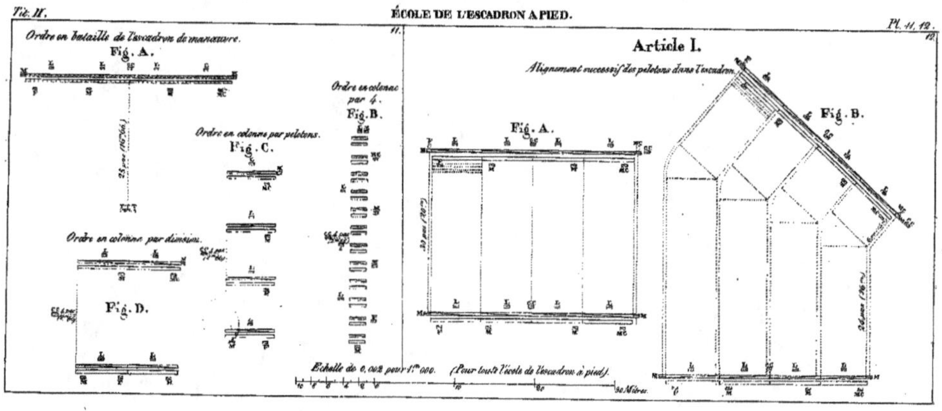

Tit. II.
Pl. 11, 12.
Ordre en bataille de l'escadron de manœuvre.
Fig. A.
25 pas (16m 66.)
Ordre en colonne par pelotons.
Fig. C.
Ordre en colonne par divisions.
Fig. D.
Ordre en colonne par 4.
Fig. B.
Article I.
Alignement successif des pelotons dans l'escadron.
Fig. A.
Fig. B.
Échelle de 0,002 pour 1m 000. (Pour toute l'école de l'escadron à pied.)
30 Mètres.

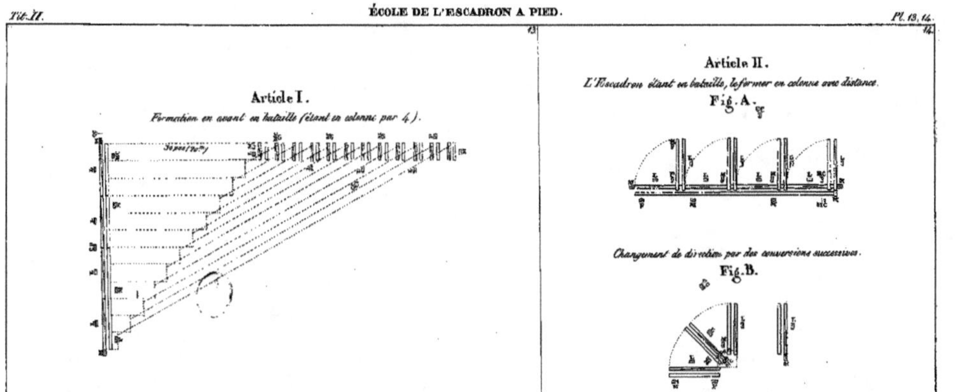

Article I.
Formation en avant en bataille (étant en colonne par 4.)
Article II.
L'Escadron étant en bataille, le former en colonne avec distance.
Fig. A.
Changement de direction par des conversions successives.
Fig. B.

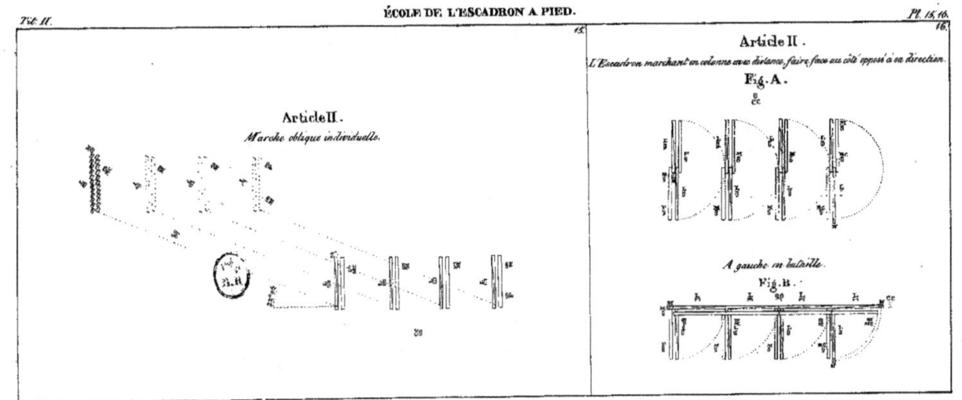
15.
Article II.
Marche oblique individuelle.
16.
Article II.
L'Escadron marchant en colonne avec distance, faire face au côté opposé à sa direction.
Fig. A.
A gauche en bataille.
Fig. B.

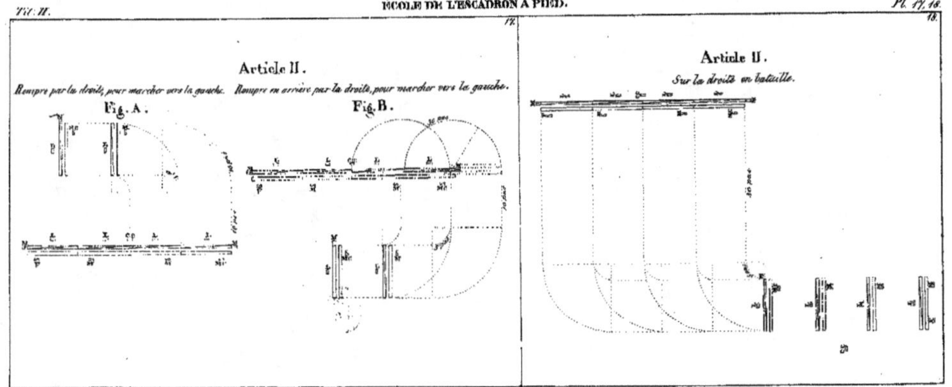

Article II.
Rompre par la droite, pour marcher vers la gauche.
Rompre en arrière par la droite, pour marcher vers la gauche.
Fig. A.
Fig. B.
Article II.
Sur la droite en bataille.

Article II.

Rompre par pelotons en avant de son front.

Article II.

En avant en bataille.

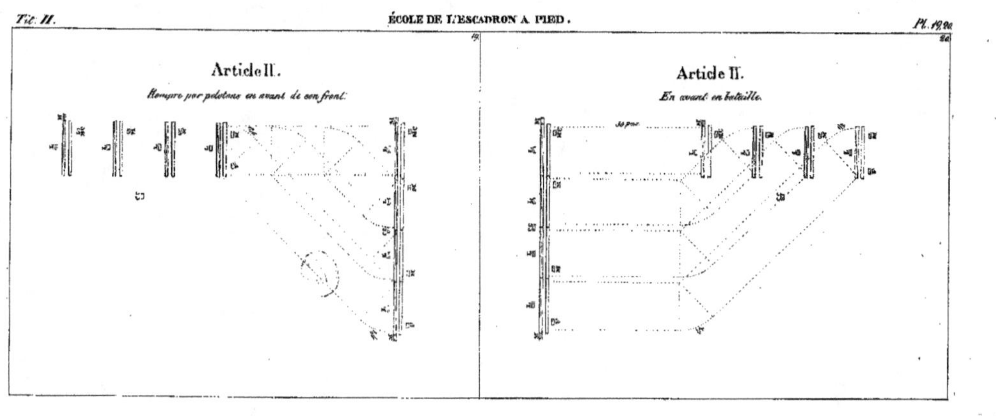

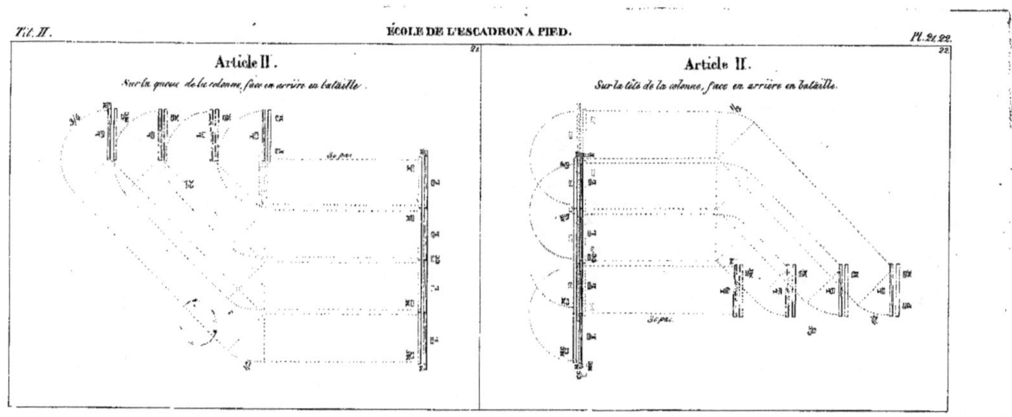

Article II.
Sur la queue de la colonne, face en arrière en bataille.
Article II.
Sur la tête de la colonne, face en arrière en bataille.

Article II.

Par quatre files à gauche et se remettre en colonne.

Article III.

Marche de l'escadron en bataille avec files d'encadrement en avant.

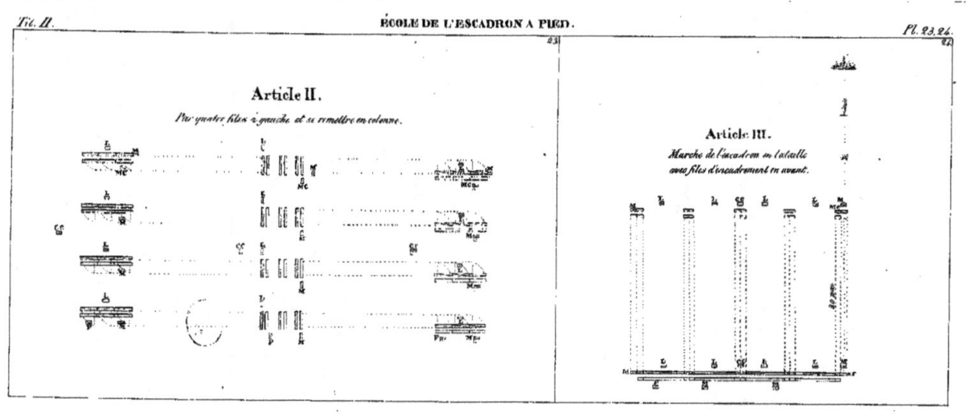

25

Article III.

Contremarche.

Fig. B.

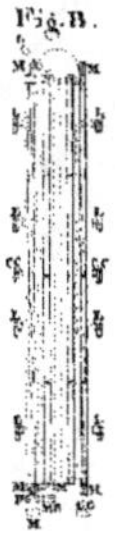

Marche de l'escadron en bataille.

Fig. A.

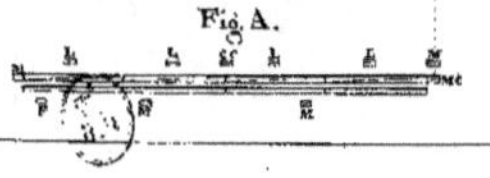

26

Article III.

Conversion à pivot fixe.

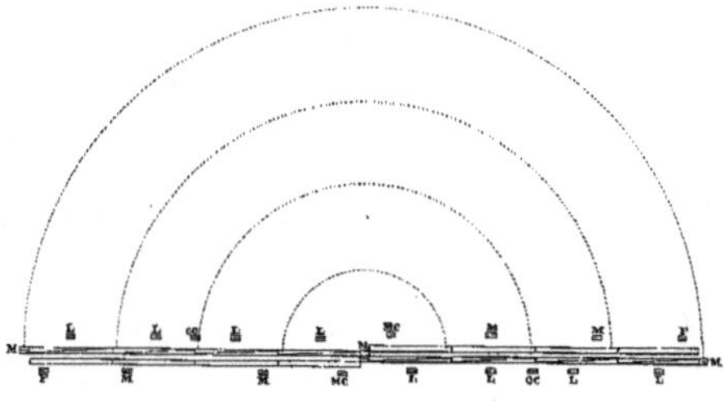

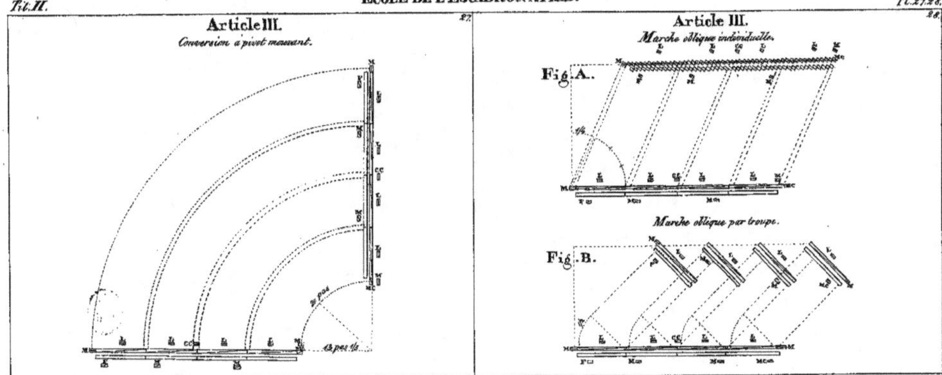

Article III.
Conversion à pivot mouvant.
27
Article III.
Marche oblique individuelle.
Fig. A.
Marche oblique par troupe.
Fig. B.
28

Article III.

*L'Escadron marchant en bataille, le faire marcher en arrière
par un demi-tour par peloton.*

Article III.

Passage d'obstacle.

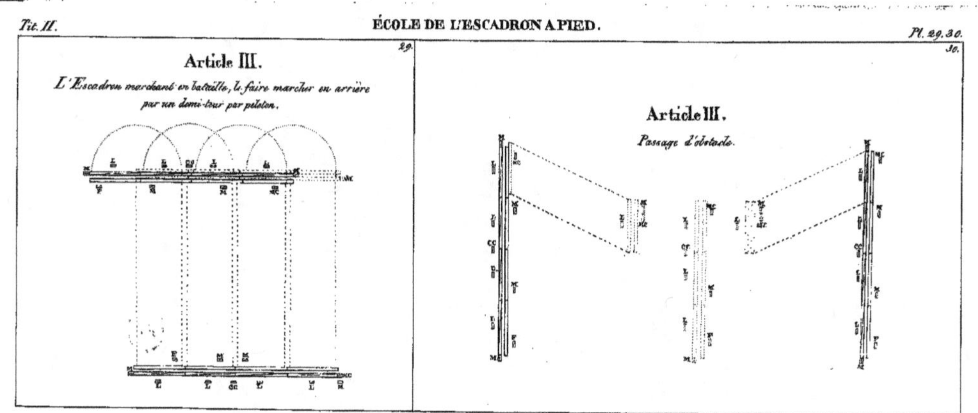

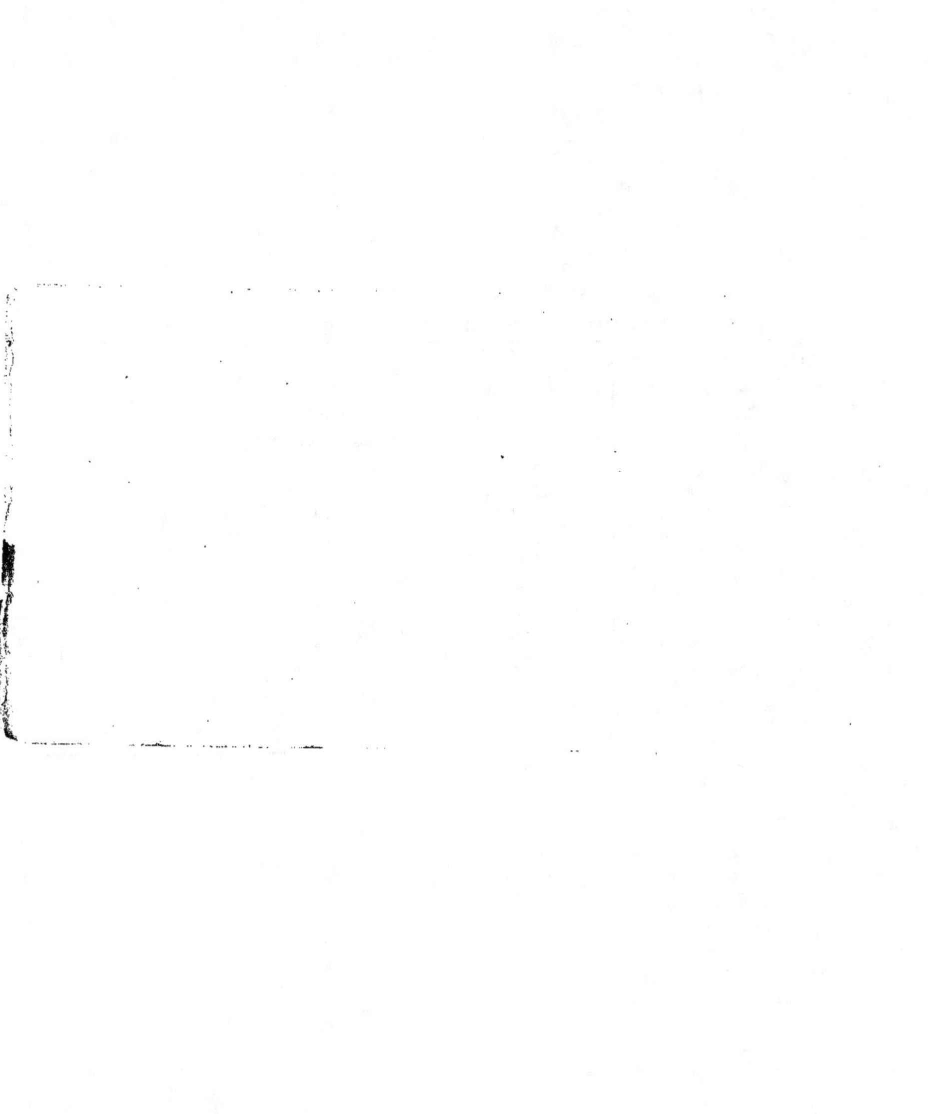

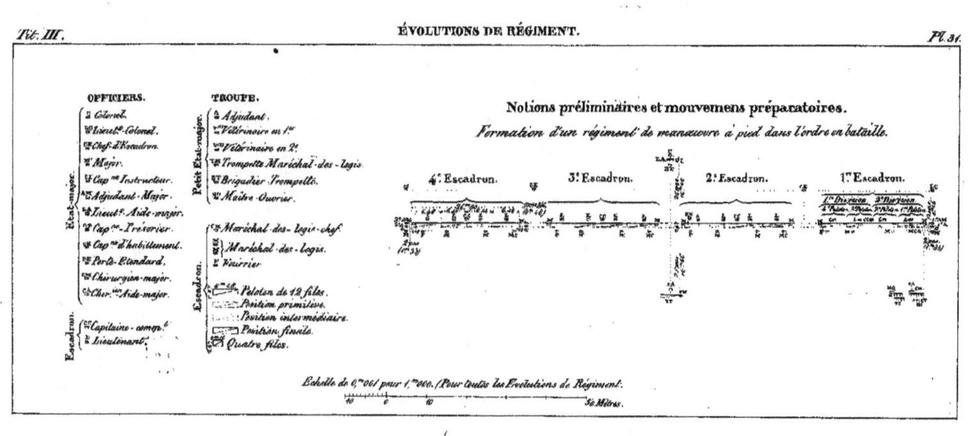
OFFICIERS.
Colonel.
Lieut.t-Colonel.
Chef. d'Escadron.
Major.
Cap.ne Instructeur.
Adjudant-Major.
Lieut.t Aide-major.
Cap.ne Trésorier.
Cap.ne d'habillement.
Porte-Étendard.
Chirurgien-major.
Chir.en Aide-major.
Capitaine-comm.t
Lieutenant.
État-major.
Escadron.

TROUPE.
Adjudant.
Vétérinaire en 1.er
Vétérinaire en 2.e
Trompette Maréchal-des-Logis.
Brigadier Trompette.
Maître-Ouvrier.
Maréchal-des-Logis-chef.
Maréchal-des-Logis.
Fourrier.
Peloton de 12 files.
Position primitive.
Position intermédiaire.
Position finale.
Quatre files.
Petit État-major.
Escadron.

Notions préliminaires et mouvemens préparatoires.
Formation d'un régiment de manœuvre à pied dans l'ordre en bataille.

4.e Escadron.   3.e Escadron.   2.e Escadron.   1.er Escadron.
1.re Division. 2.e Division.

Échelle de 0.m061 pour 1.m000. (Pour toutes les Évolutions de Régiment.)
10   0   10   50 Mètres.

Notions préliminaires et mouvemens préparatoires.

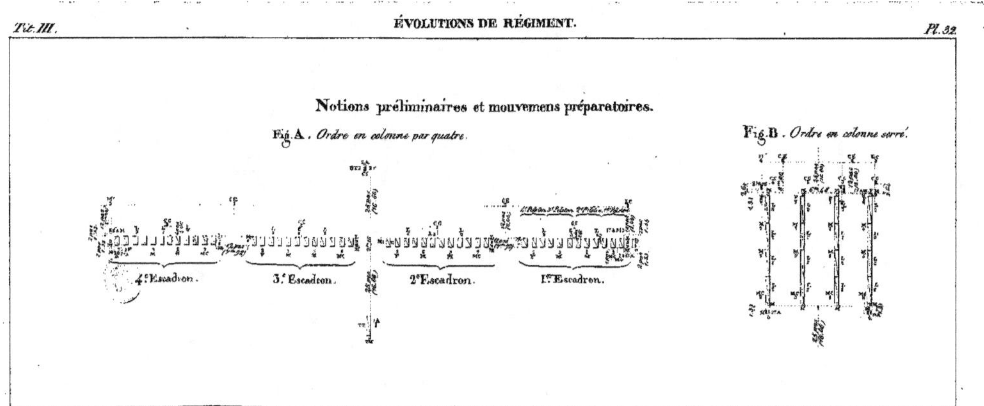

Fig. A. *Ordre en colonne par quatre.*

Fig. B. *Ordre en colonne serré.*

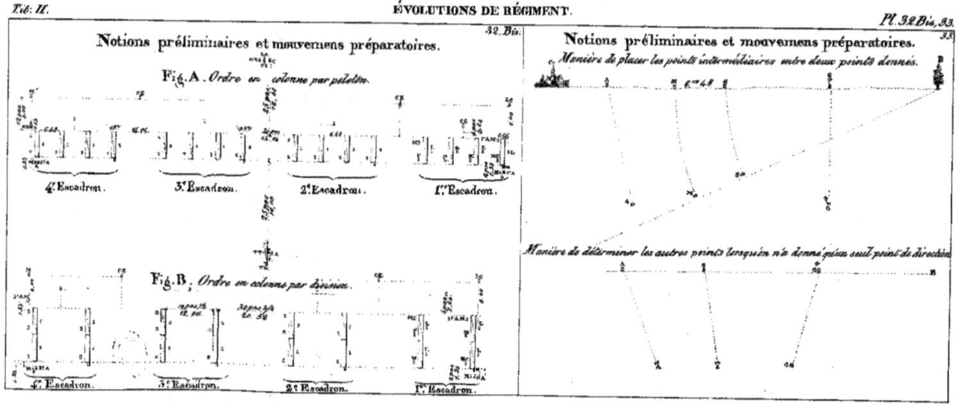
32.Bis.
Notions préliminaires et mouvemens préparatoires.
Fig. A. Ordre en colonne par peloton.
4.e Escadron.
3.e Escadron.
2.e Escadron.
1.er Escadron.
Fig. B. Ordre en colonne par division.
4.e Escadron.
3.e Escadron.
2.e Escadron.
1.er Escadron.
33.
Notions préliminaires et mouvemens préparatoires.
Manière de placer les points intermédiaires entre deux points donnés.
Manière de déterminer les autres points lorsqu'on n'a donné qu'un seul point de direction.

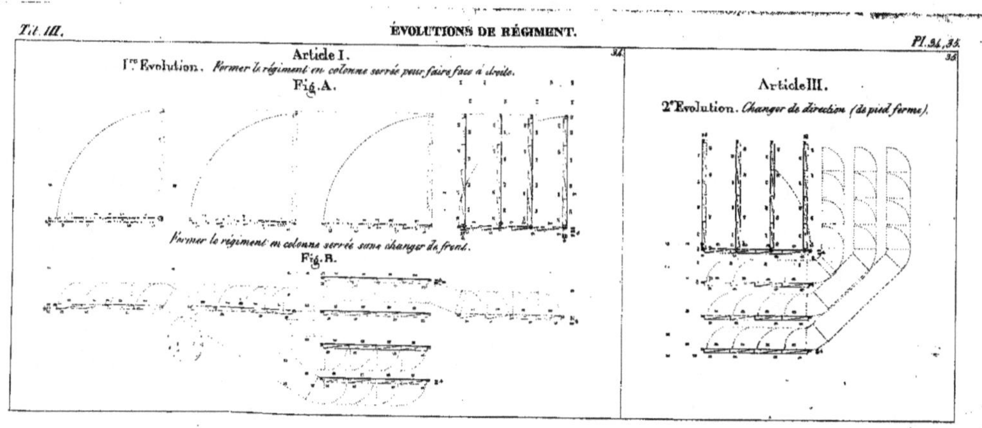
Article I.
Iʳᵉ Evolution. Former le régiment en colonne serrée pour faire face à droite.
Fig. A.
Former le régiment en colonne serrée sans changer de front.
Fig. B.
Article III.
2ᵉ Evolution. Changer de direction (de pied ferme).

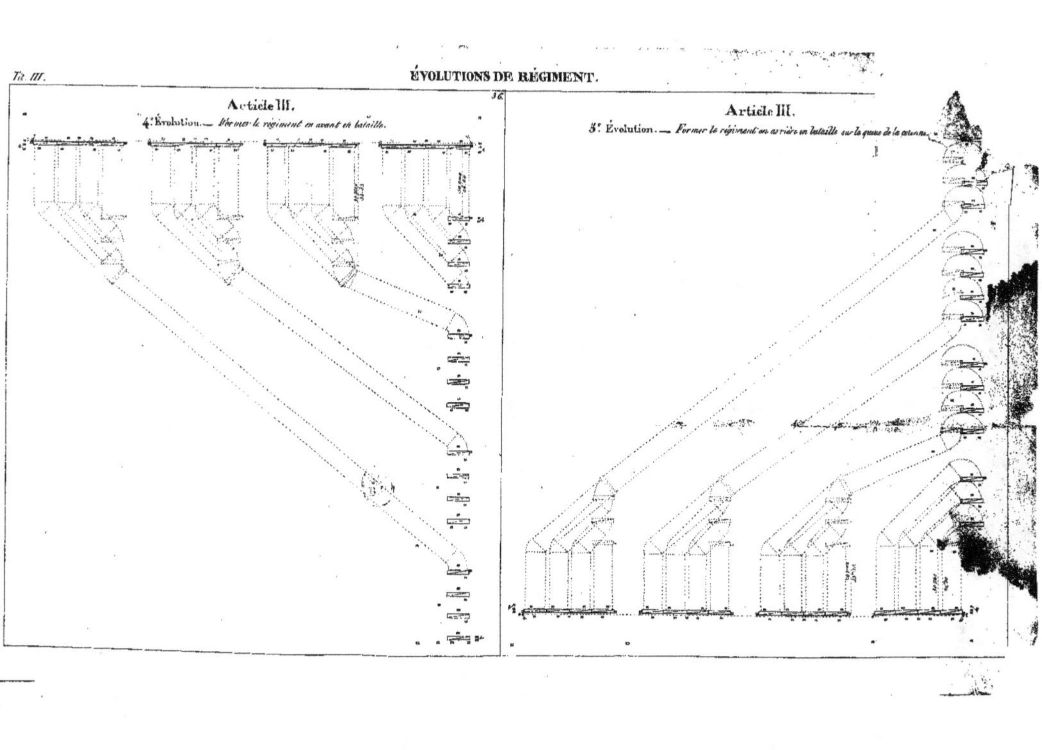
Article III.
4.ᵉ Évolution. — Former le régiment en avant en bataille.
Article III.
5.ᵉ Évolution. — Former le régiment en arrière en bataille sur la queue de la colonne.

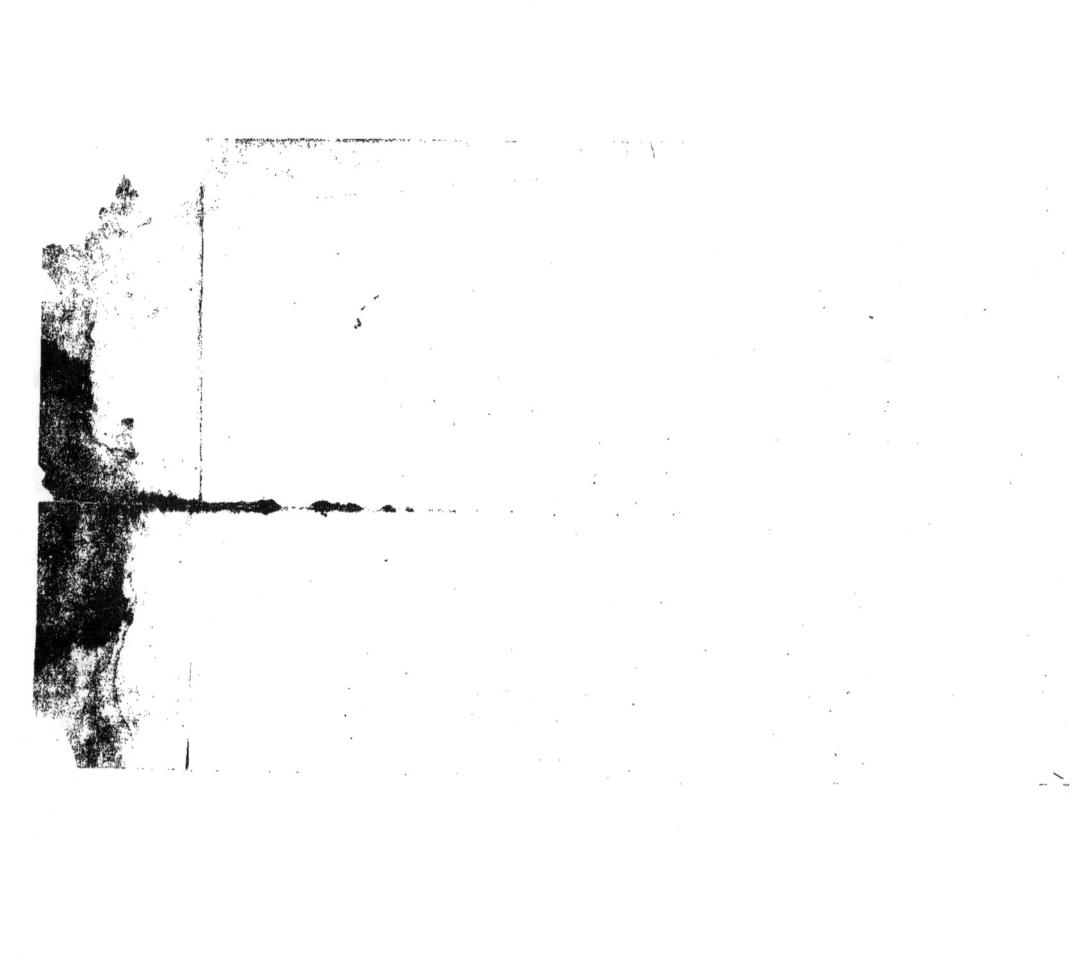

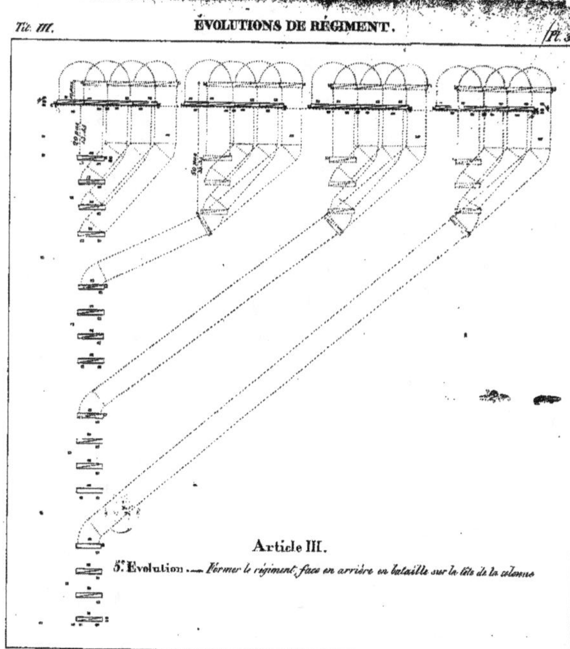

Article III.
5.ᵉ Evolution .—. Former le régiment, face en arrière en bataille sur la tête de la colonne

Article III.

7.ᵉ Évolution. — *Formation en bataille par réunion des 3.ᵉ et 4.ᵉ évolutions, à gauche et en avant en bataille.*

Article III.

8.ᵉ Évolution. — *Formation en bataille par la réunion des 7.ᵉ et 8.ᵉ évolutions à gauche et face en arrière en bataille.*

Article III.

5.ᵉ Évolution. — *Formation en bataille par la réunion des 4.ᵉ et 5.ᵉ évolutions, en avant en bataille, sur un escadron du centre.*

Article III.

5.ᵉ Évolution. — *Formation en bataille par la réunion des 4.ᵉ et 5.ᵉ évolutions, face en arrière en bataille, sur un escadron du centre.*

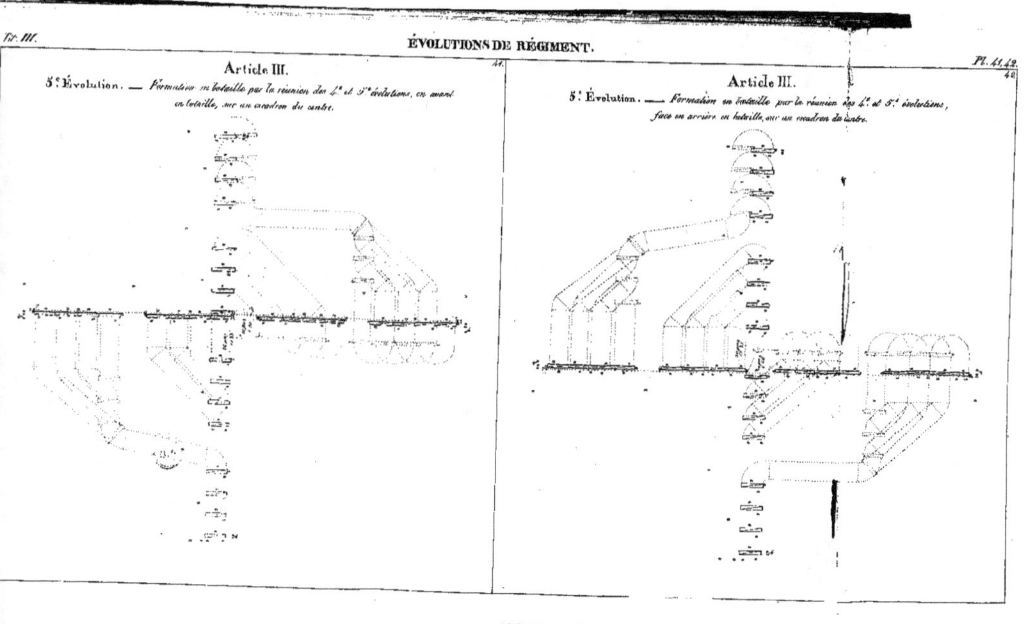

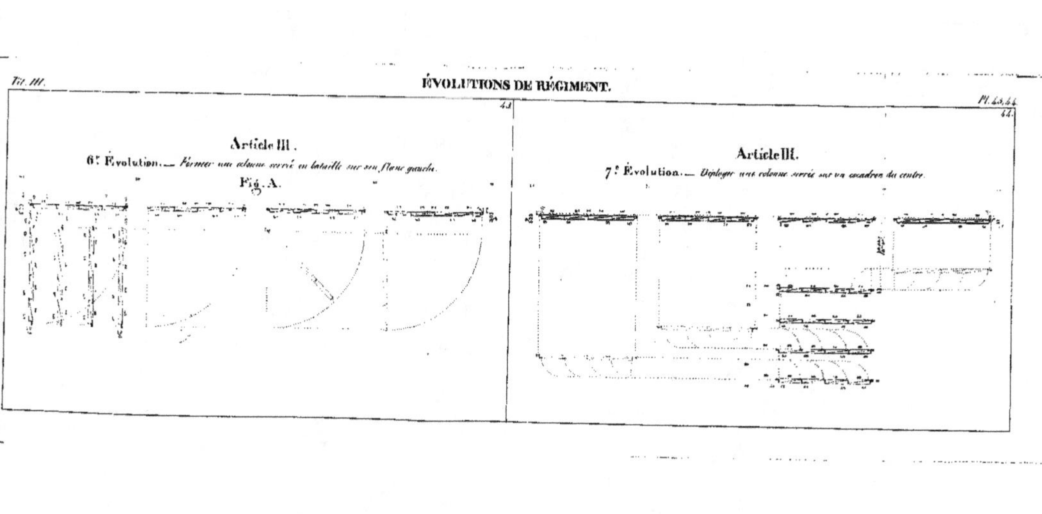

Article III.
6ᵉ Évolution. — Former une colonne serrée en bataille sur son flanc gauche.
Fig. A.
Article III.
7ᵉ Évolution. — Déployer une colonne serrée sur un escadron du centre.

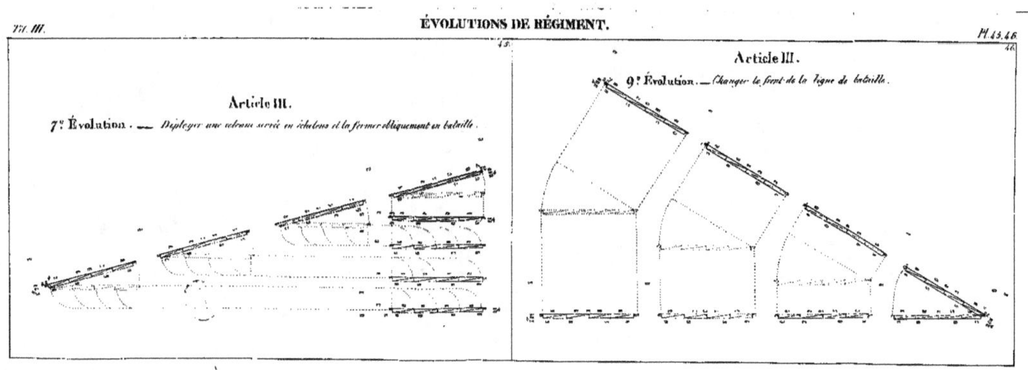

Article III.
7ᵉ Évolution. — Déployer une colonne serrée en échelons et la former obliquement en bataille.
Article III.
9ᵉ Évolution. — Changer le front de la ligne de bataille.

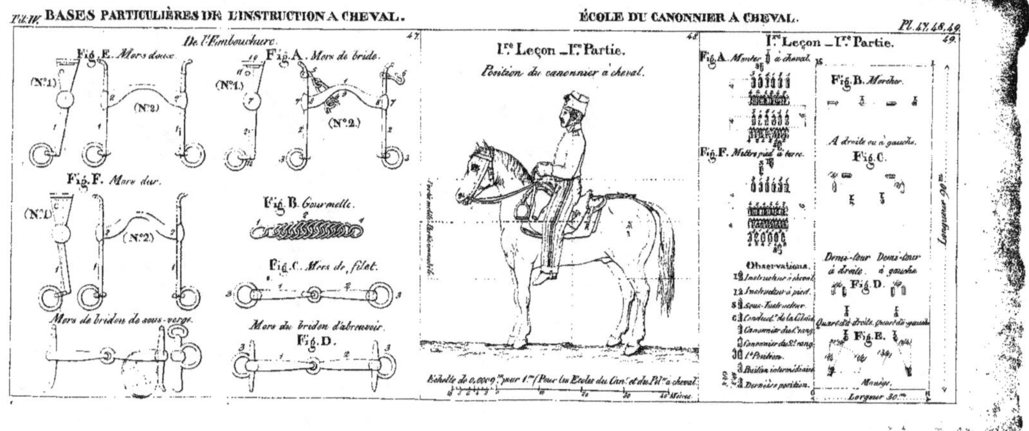
De l'Embouchure.
Fig. E. Mors doux.
(N.°1.)
(N.°2.)
Fig. A. Mors de bride.
(N.°1.)
(N.°2.)
Fig. F. Mors dur.
(N.°1.)
(N.°2.)
Fig. B. Gourmette.
Fig. C. Mors de filet.
Mors de bridon de sous-verge.
Mors de bridon d'abreuvoir.
Fig. D.
Échelle de 0,0009.m pour 1.m (Pour les Écoles du Can.r et du Pel.n à cheval.)
1.re Leçon — 1.re Partie.
Position du canonnier à cheval.
1.re Leçon — 1.re Partie.
Fig. A. Monter à cheval.
Fig. F. Mettre pied à terre.
Observations.
Instructeur à cheval.
Instructeur à pied.
Sous-Instructeur.
Conduct.r de la Gibecière.
Canonnier du 1.er rang.
Canonnier du 2.e rang.
1.re Position.
Position intermédiaire.
Dernière position.
Fig. B. Marcher.
A droite ou à gauche.
Fig. C.
Demi-tour à droite. Demi-tour à gauche.
Fig. D.
Quart de droite. Quart de gauche.
Fig. E.
Manège.
Longueur 30.m
Largeur 16.m

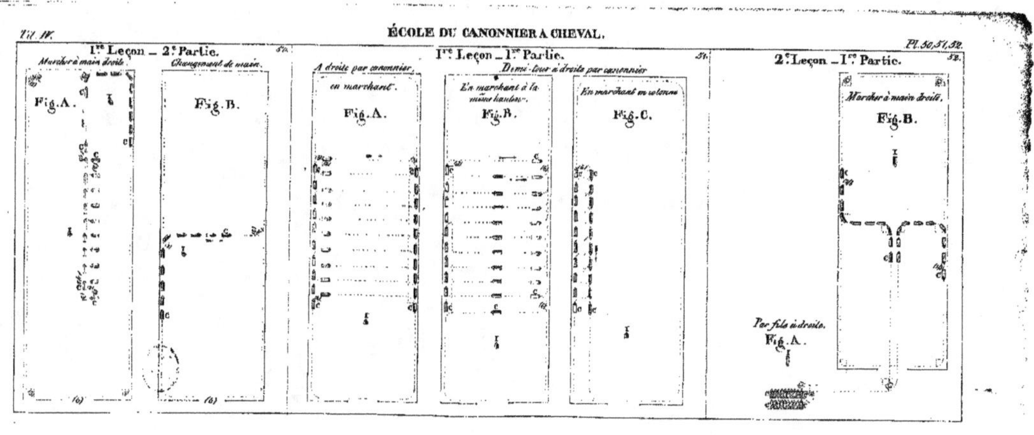
1re Leçon _ 2e Partie.
Marcher à main droite.
Fig. A.
Changement de main.
Fig. B.
1re Leçon _ 1re Partie.
A droite par canonnier,
en marchant.
Fig. A.
Demi-tour à droite par canonnier
En marchant à la
même hauteur.
Fig. B.
En marchant en colonne
Fig. C.
2e Leçon _ 1re Partie.
Marcher à main droite.
Fig. B.
Par file à droite.
Fig. A.

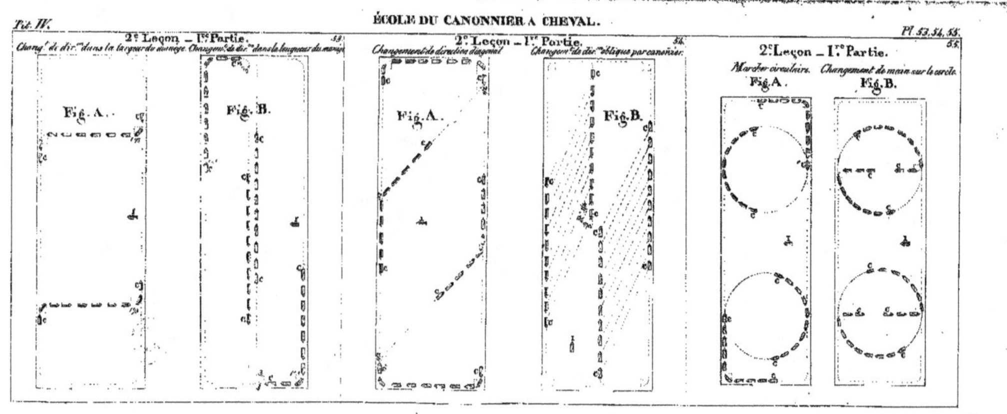
2.º Leçon — 1.º Partie.
Chang.ᵗ de dir.ⁿ dans la largeur du manège.
Changem.ᵗ de dir.ⁿ dans la longueur du manège.
Fig. A.
Fig. B.
2.º Leçon — 1.º Partie.
Changement de direction d'apport.
Changem.ᵗ de dir.ⁿ oblique par canonnier.
Fig. A.
Fig. B.
2.º Leçon — 1.º Partie.
Marcher circulaire.
Changement de main sur le cercle.
Fig. A.
Fig. B.

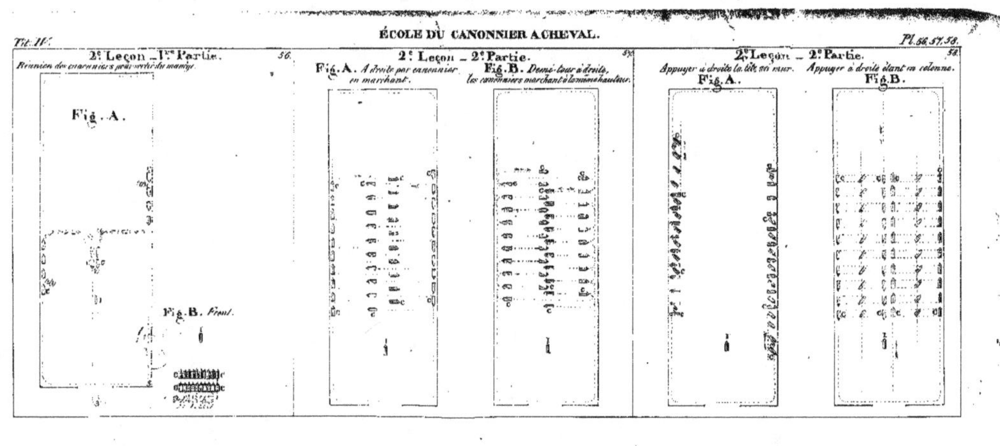
2ᵉ Leçon — 1ʳᵉ Partie.   56.
Réunion des canonniers pour sortir du manège.
Fig. A.
Fig. B. Front.

2ᵉ Leçon — 2ᵉ Partie.   57.
Fig. A. A droite par canonnier en marchant.
Fig. B. Demi-tour à droite, les canonniers marchant à la même hauteur.

2ᵉ Leçon — 2ᵉ Partie.   58.
Appuyer à droite la tête au mur.
Fig. A.
Appuyer à droite étant en colonne.
Fig. B.

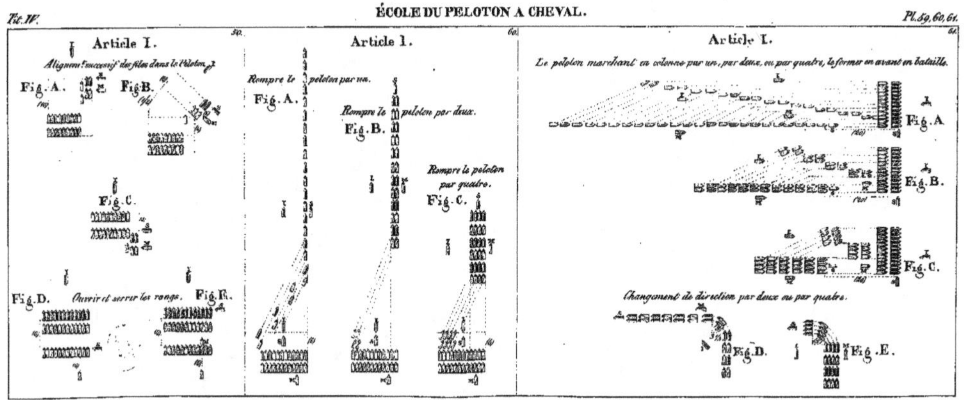
Pl. IV.
Pl. 59, 60, 61.
59.
60.
61.
Article I.
Alignement successif des files dans le Peloton.
Fig. A.
Fig. B.
Fig. C.
Fig. D.
Ouvrir et serrer les rangs.
Fig. E.
Article I.
Rompre le peloton par un.
Fig. A.
Rompre le peloton par deux.
Fig. B.
Rompre le peloton par quatre.
Fig. C.
Article I.
Le peloton marchant en colonne par un, par deux, ou par quatre, le former en avant en bataille.
Fig. A.
Fig. B.
Fig. C.
Changement de direction par deux ou par quatre.
Fig. D.
Fig. E.

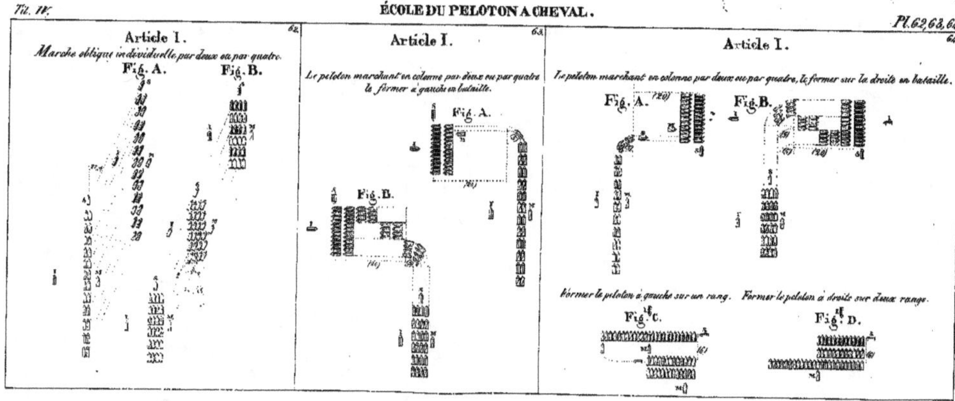
Tit. IV.
Pl. 62.63.64.
Article I.
Marche oblique individuelle par deux ou par quatre.
Fig. A.
Fig. B.
Article I.
Le peloton marchant en colonne par deux ou par quatre
le former à gauche en bataille.
Fig. A.
Fig. B.
Article I.
Le peloton marchant en colonne par deux ou par quatre, le former sur la droite en bataille.
Fig. A.
Fig. B.
Former le peloton à gauche sur un rang.
Former le peloton à droite sur deux rangs.
Fig. C.
Fig. D.

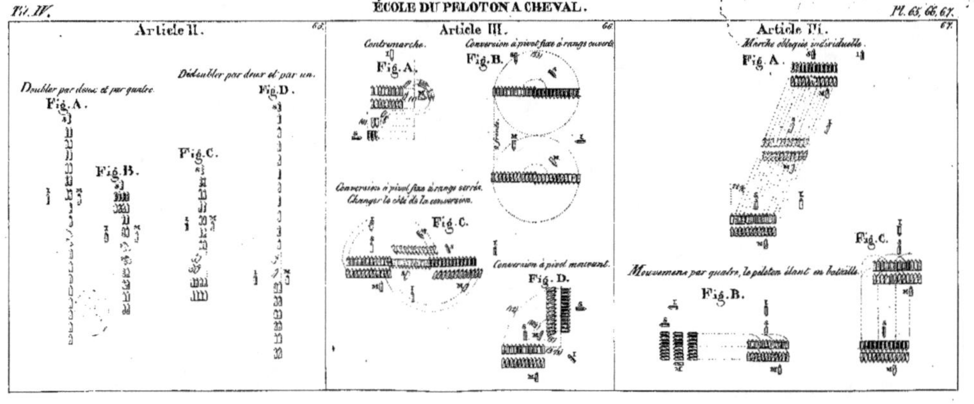
Article II.
65.
Doubler par deux et par quatre.
Fig. A.
Fig. B.
Dédoubler par deux et par un.
Fig. D.
Fig. C.
Article III.
66.
Contremarche.
Fig. A.
Conversion à pivot fixe à rangs ouverts.
Fig. B.
Conversion à pivot fixe à rangs serrés.
Changer le côté de la conversion.
Fig. C.
Conversion à pivot mouvant.
Fig. D.
Article IV.
67.
Marche oblique individuelle.
Fig. A.
Mouvemens par quatre, le peloton étant en bataille.
Fig. B.
Fig. C.

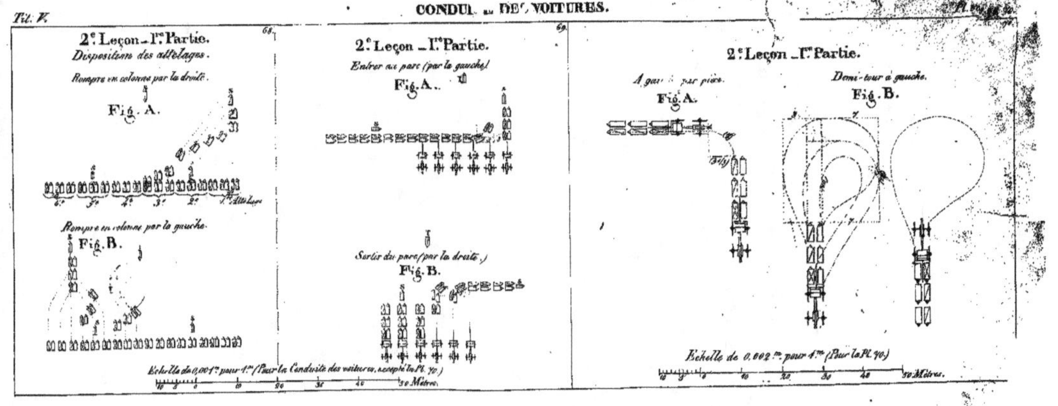
2.ᵉ Leçon — 1.ʳᵉ Partie.
Disposition des attelages.
Rompre en colonne par la droite.
Fig. A.
6ᵉ 5ᵉ 4ᵉ 3ᵉ 2ᵉ 1.ᵉʳ Attelage.
Rompre en colonne par la gauche.
Fig. B.
Échelle de 0,001ᵐ pour 1ᵐ (Pour la Conduite des voitures, excepté la Pl. 70.)
10 5 0 10 20 30 40 50 Mètres.
2.ᵉ Leçon — 1.ʳᵉ Partie.
Entrer au parc (par la gauche)
Fig. A.
Sortir du parc (par la droite)
Fig. B.
2.ᵉ Leçon — 1.ʳᵉ Partie.
A gauche par pièce.
Fig. A.
Demi-tour à gauche.
Fig. B.
Échelle de 0,002ᵐ pour 1ᵐ (Pour la Pl. 70.)
10 5 0 10 20 30 40 50 Mètres.

2.ᵉ Leçon _ 2.ᵉ Partie.

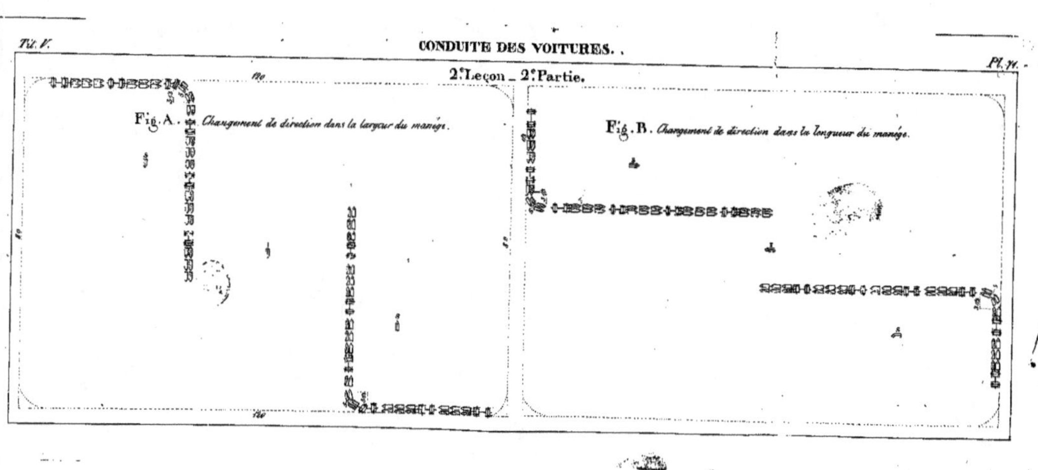

2.ᵉ Leçon _ 2.ᵉ Partie.

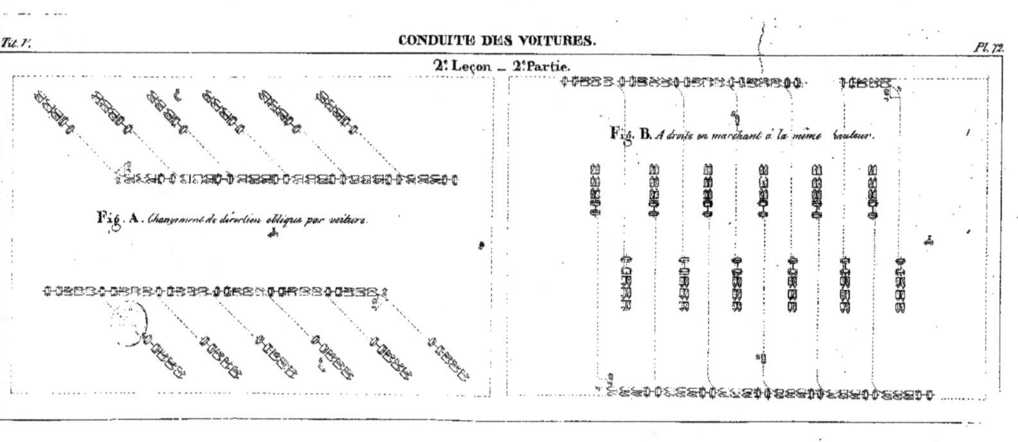

Pl. V.

2ᵉ Leçon _ 2ᵉ Partie.

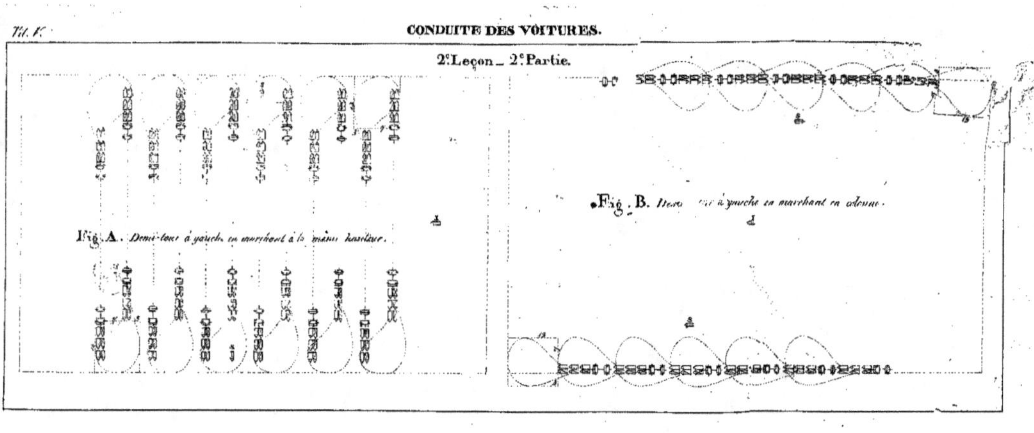

Fig. A. *Demi-tour à gauche, en marchant à la même hauteur.*

Fig. B. *Demi-tour à gauche en marchant en colonne.*

* 9 7 8 2 3 2 9 6 9 5 8 0 8 *